AF601117

1903. Juin. 23

VENTE
Des 23 et 24 Juin 1903
HOTEL DROUOT, SALLE Nº 6
à deux heures

BIJOUX — ORFÈVRERIE

Tableaux & Dessins

ANCIENS ET MODERNES

LIVRES

MEUBLES ANCIENS

OBJETS D'ART

COMMISSAIRE-PRISEUR
Me PAUL CHEVALLIER
10, rue Grange-Batelière

EXPERTS
MM. PAULME et B. LASQUIN FILS
10, rue Chauchat 12, rue Laffitte

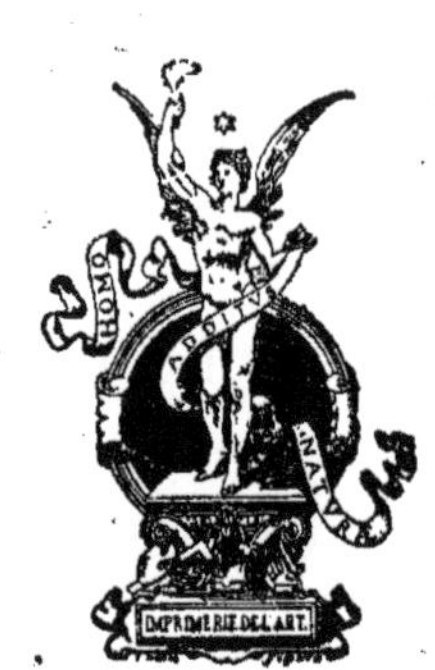
HOMO
ADDITVS
NATVRAE
IMPRIMERIE DE L'ART

CATALOGUE

DE

BIJOUX

Ornés de Brillants et de Perles fines

ORFÈVRERIE

Tableaux, Pastels, Aquarelles et Dessins

ANCIENS ET MODERNES

LIVRES, PARTITIONS DE MUSIQUE

SCULPTURES en Marbre, Terre-Cuite et Bronze

FAIENCES ANCIENNES

BRONZES D'AMEUBLEMENT — LUSTRES

Meubles et Sièges anciens et modernes

OBJETS D'ART, CURIOSITÉS

ÉTOFFES — RIDEAUX — TENTURES — TAPIS

MOBILIER COURANT, ETC.

DONT LA VENTE AUX ENCHÈRES PUBLIQUES AURA LIEU A PARIS

En vertu d'ordonnance

HOTEL DROUOT, SALLE N° 6

LES MARDI 23 ET MERCREDI 24 JUIN 1903

à deux heures

COMMISSAIRE-PRISEUR	EXPERTS
Me PAUL CHEVALLIER	**MM. PAULME et LASQUIN FILS**
10, rue Grange-Batelière	10, rue Chauchat — 12, rue Laffitte

EXPOSITION PUBLIQUE

Le Lundi 22 Juin 1903, de 1 heure 1/2 à 5 heures 1/2

CONDITIONS DE LA VENTE

Elle sera faite au comptant.

Les acquéreurs paieront *dix pour cent* en sus des prix d'adjudication.

L'exposition mettant le public à même de se rendre compte de l'état et de la nature des objets, il ne sera admis aucune réclamation, une fois l'adjudication prononcée.

Paris. — Imprimerie de l'Art, E. MOREAU ET Cie, 41, rue de la Victoire.

DÉSIGNATION

BIJOUX

1 — Petit miroir à main avec monture en vermeil, de style Louis XVI.

2 — Une boucle en argent, de style Louis XV.

3 — Quatre peignes en écaille blonde ornés de roses, dont deux de cinq perles chacun.

4 — Deux peignes en écaille, monture en argent, et une épingle en écaille.

5 — Une montre anglaise en doublé, une petite boite à poudre en argent.

6 — Six boutons, en forme de marguerites, ornés de roses et pierres vertes, monture en argent.

7 — Quatre boutons en or et une boucle ornés de strass.

8 — Six boutons en lapis lazuli entouré de roses et de petites perles, monture en or.

9 — Six grands et six petits boutons, en forme de rosace, ornés de strass.

10 — Flacon à sels recouvert d'une enveloppe en or filigrane.

11 — Deux flacons à sels en cristal, montés en or.

12 — Flacon à sels en cristal, monture en vermeil.

13 — Étui formant cachet en or, de style Louis XV.

14 — Une parure en or, composée d'une broche et deux boucles d'oreilles, une bague, chainette, débris, etc., en or.

15 — Une broche en argent avec pierre de couleur verte.

16 — Parure de chemise composée de cinq boutons en roses et pierres de couleur, monture en argent.

17 — Parure de chemise composée de quatre boutons en or, ornés de grenats.

18 — Deux épingles de cravate en or, ornées de perles et de roses.

19 — Épingle de cravate, formée d'un brillant « goutte d'eau », monture en argent.

20 — Deux épingles à chapeau en or et argent, ornées de roses, dont une de trois perles fines.

21 — Broche formée d'un feuillage orné de roses.

22 — Broche-barrette, ornée de trois grenats et quatre motifs formés de roses et brillants, monture en or et argent.

23 — Broche, formée de trois anneaux entrelacés ornés de brillants, monture or et argent.

24 — Deux broches en or, art nouveau, bustes de jeunes femmes.

25 — Broche en or, en forme de médaille, représentant la Vision de Jeanne d'Arc, entourée de petites roses.

26 — Chaine tour de cou en or avec graines, perles, roses, or émaillé et breloques diverses.

27 — Chaine tour de cou en or, ornée de turquoises.

28 — Petit collier, chaînette en or.

29 — Bague en or, ornée d'une perle entourée de douze brillants.

30 — Bague en or, ornée de quinze demi-perles et huit petites roses.

31 — Bague, formée d'une topaze, de brillants et de roses, monture en or et argent.

32 — Paire de boucles d'oreilles en or, formées d'une feuille ornée d'une perle chacune.

33 — Paire de boutons d'oreilles, formés d'une perle fine et huit brillants, monture en or.

34 — Bracelet-gourmette en or, avec montre entourée de roses.

35 — Collier, formé de sept pendeloques ornées de pierres de couleur et roses, monture en argent doré.

36 — Bracelet-gourmette en or, orné d'un médaillon formé d'un grenat entouré de douze brillants.

37 — Châtelaine Louis XV en or ciselé, avec la montre et pendeloques : cachet et petit flacon.

ARGENTERIE ET MÉTAL

38 — Sac de voyage en cuir jaune, garni de quatre flacons en cristal et brosse.

39 — Un sac de voyage en cuir jaune, avec ses accessoires en cristal et métal.

40 — Deux boites à poudre en cristal et couvercles en argent gravé.

41 — Vide-poche, formé d'une figure de femme nue, en argent, tenant une coquille portant la signature *P. Aubé, 1871*. Socle en marbre, avec base et corniche en bronze mouluré et doré.

42 — Une douzaine de couteaux de table, manche en ivoire.

43 — Six fourchettes à huitres en métal et douze couteaux à dessert, manche en ivoire.

44 — Timbale de voyage en métal.

45 — Six gobelets à bière et quatre petites casseroles à crème en métal.

46 — Fourchette et pelle à pickles, pince à asperges en métal.

47 — Plateau en métal, de style Louis XVI.

48 — Petit plateau en métal.

49 — Deux douzaines de couteaux de table, manche en bois et argent.

50 — Deux douzaines de couteaux à dessert, analogues aux précédents.

51 — Deux douzaines de couteaux à dessert, à lame d'argent, de style Louis XV.

52 — Grande boite à poudre, de style Louis XV, en argent.

53 — Petite tasse à trois pieds et sa cuillère en argent, de style Louis XV.

54 — Jardinière en cristal, monture en argent en partie doré.

55 — Deux sucriers à poudre en argent, de style Louis XVI.

56 — Douze cuillères à café en argent, dans leur écrin.

57 — Truelle à poisson en argent, manche en ivoire.

58 — Deux salières en argent, en forme de feuille, avec deux pelles à sel : maison *Fannière, frères*.

59 — Deux petits vases en cristal gravé, avec monture en argent doré, de style Louis XV.

60 — Douze cuillères à café en argent, ornementées de feuillages.

61 — Cinq couteaux à fruit, à lame d'argent, manche en nacre.

62 — Sucrier en cristal avec monture et pince en argent, de la maison *Fannière, frères*.

63 — Six cuillères à café dépareillées en argent.

64 — Six couverts en argent.

65 — Douze fourchettes à huitres en argent, manche en ivoire.

66 — Une douzaine de couverts à entremet en argent.

67 — Deux douzaines de cuillères à café en argent, de style Louis XV.

68 — Deux douzaines de porte-couteaux en argent.

69 — Douze salières en argent, de style Louis XVI, intérieur en cristal.

70 — Petite tasse et soucoupe en argent gravé et en partie doré.

71 — Quatre douzaines de couverts à entremet en argent, de style Louis XV.

72 — Quatre douzaines de couverts de table en argent, de style Louis XV.

73 — Deux douzaines de couteaux de table en argent, de style Louis XV.

74 — Deux douzaines de couteaux à dessert en argent, de style Louis XV.

75 — Service à thé ou à café en argent, de style Louis XVI, composé d'une théière, d'une cafetière, un sucrier et un pot à lait.

76 — Bougeoir, de style Louis XV, en argent.

77 — Deux aiguières en cristal gravé, monture en vermeil, de style Louis XV.

78 — Aiguière en argent Louis XIV.

TABLEAUX ET PASTELS

ANCIENS ET MODERNES

BERCKEYDE (Job)

79 — *La Partie de Cartes.*

Signé en bas à droite.

Cadre en bois sculpté.

Bois. Haut., 30 cent.; larg., 40 cent.

BLANCHET (Gabriel)

80 — *Portrait d'Homme.*

A son côté un enfant tient une corbeille de fleurs.

Signé : *L.-G. Blanchet, pinxit, Rome, 1760.*

Toile. Haut., 1 m. 33 cent.; larg., 1 mètre.

BOUDIN (Eugène)

81 — *Voilier dans le port du Havre.*

Bois. Haut., 26 cent.; larg., 20 cent.

BRISSOT DE WARVILLE (Félix)

82 — *Chasseurs dans un paysage.*

Signé en bas à gauche.

Toile. Haut., 16 cent.; larg., 37 cent.

83 — *Paysage et Moutons.*

Signé en bas à gauche.

Bois. Haut., 12 cent.; larg., 23 cent.

HUET (Jean-Baptiste)

(deux pendants)

84 — *Petit Pêcheur. — Jeune Paysanne.*

Deux charmantes peintures.

Toiles. Haut., 25 cent.; larg., 31 cent.

KEYSER (Thomas de)

85 — *Portrait de Femme.*

En buste, avec collerette et coiffe de dentelle.

Bois. Haut., 45 cent.; larg., 31 cent.

LONGHI (Pietro)

(deux pendants)

86 — *Le Déjeûner.*

87 — *La Partie de Cartes.*

Cadres anciens en bois sculpté.

Bois. Haut., 25 cent.; larg., 18 cent.

MARÉCHAL (H.)

88 — *Barques de pêche à marée basse.*

Pastel.

Haut., 48 cent.; larg., 1 m. 30 cent.

NITTIS (De)

89 — *Étude de Femme vue de dos.*

Signé en bas à gauche.

Haut., 39 cent.; larg., 25 cent.

PENNE (Olivier de)

90 — *Meute et Piqueur.*

Signé en bas à droite.

Bois. Haut., 27 cent.; larg., 22 cent.

RIESENER (Henri)

91 — *Portrait de Femme.*

Toile. Haut., 50 cent.; larg., 35 cent.

RIVOIRE (François)

92 — *Champ de Coquelicots.*

Pastel.

Haut., 63 cent.; larg., 53 cent.

93 — *Bouquet de Roses dans un vase.*

Pastel.

Haut., 70 cent.; larg., 60 cent.

ROUSSEAU (Philippe)

94 — *Nature morte.*

Sur une table, recouverte d'une nappe blanche, on voit un compotier rempli de pêches, une bouteille de vin et un gobelet.

Important pastel.

Signé en bas à droite.

Haut., 70 cent.; larg., 90 cent.

TIEPOLO (Jean-Baptiste)

(deux pendants)

95 — *L'Été.*

96 — *L'Automne.*

Allégories de deux saisons figurées par deux enfants : l'un tenant une gerbe de blé, l'autre un pampre de vigne.

Cadres anciens en bois sculpté et doré.

Toiles. Haut., 1 m. 03 cent.; larg., 75 cent.

VIVIEN (Joseph)

97 — *Portrait d'Homme.*

Vu de trois quarts à gauche, assis et lisant.

Important et beau pastel.

Haut., 1 mètre; larg., 80 cent.

YON (Edmond)

98 — *Barque surprise par l'orage.*

Pastel.

Haut., 43 cent.; larg., 53 cent.

DESSINS ANCIENS
ET MODERNES
AQUARELLES, GOUACHES, MINIATURES, GRAVURES

BIDA

99 — *Anier près de sa monture.*

Dessin au crayon noir, rehaussé de blanc sur papier gris.

Dédicace : *A son ami Mène.*

BOUCHARDON (Edme)

100 — *Projet de Mausolée.*

Dessin à la sanguine.

CARMONTELLE (L.)

101 — *Portrait de M. de la Neuville-Morfleuri, capitaine de dragons.*

« Dessiné par Carmontelle, en 1756, » ainsi que l'indique l'inscription qu'on lit au verso.

Beau dessin à la sanguine et au crayon.

CASANOVA Y ESTORAC

102 — *Deux Dessins.*

Signés.

A la plume.

DELACROIX (Eugène)

103 — *Études de lions, lionnes et tigres.*

Dessin à double face, à la plume et à l'aquarelle.

104 — *Études de têtes de tigres.*

Dessin à la plume, portant le cachet de la vente de l'artiste.

105 — *Étude de deux tigres au repos.*

Dessin à la plume, portant le cachet de la vente de l'artiste.

DEMACHY

106 — *Berger conduisant son troupeau au milieu de ruines.*

Gouache.

DESRAIS (Claude-Louis)

107 — *Bustes de Femmes.*

Six dessins à la plume, lavés d'encre de Chine et de sépia.

Cadre Louis XVI en bois sculpté doré.

DOW (G.)

108 — *Portrait de Femme.*

Dessin au lavis.

Cadre Louis XVI en bois sculpté.

ÉCOLE ALLEMANDE (XVIe siècle)

109 — *Vue d'un château avec rivière et figures.*

Cadre ancien Louis XIII en écaille.

ÉCOLE FRANÇAISE (XVIIIe siècle)

110 — *Portrait présumé de la marquise de Pompadour.*

Charmante gouache de forme ovale.
Cadre ancien Louis XV en bois sculpté doré.

ÉCOLE FRANÇAISE (XVIIIe siècle)

111 — *Vue de Rome.*

Gravure au trait aquarellée.

FRAGONARD (Attribué à H.)

112 — *Composition, avec nombreux personnages.*

Dessin à la plume, lavé de sépia.
Cadre ancien en bois sculpté doré.

FRANÇAIS (Louis)

113 — *Ruisseau sous bois.*

Dessin au lavis d'encre de Chine, rehaussé de gouache.
Signé et daté 1888.

FREDOU

114 — *Portrait de Jacques-André Portail, dessinateur.*

Dessin aux crayons de couleurs et pastel.
Cadre en bois sculpté.

HERLIN (Auguste)

115 — *Repos.*

Dessin au fusain.

116 — *Servante.*

Dessin au crayon.

117 — *Idylle.*

Dessin au crayon.

118 — *Projet de plafond.*

Dessin au crayon et à la sanguine.

ISABEY (Eugène)

119 — *Retour de la pêche.*

Aquarelle.

LEBRUN (Charles)

120 — *Composition décorative.*

Dessin à la plume et encre de Chine.

LEBRUN (Charles)

121 — *Projet de plafond.*

Aquarelle.

MALLET

122 — *Portrait de Mlle Constance Mayer.*

Dessin aux crayons de couleurs.
Cadre ancien Louis XIII.

MARILLIER (C.-P.)

123 — *Amours renversant leurs torches sur un autel.*

Cul-de-lampe.
Dessin à la plume et au lavis.

NILSON

124 — *Mascarade.*

Arabesques avec médaillon et nombreuses figures.
Dessin à la plume et au lavis d'encre de Chine.
Cadre ancien en bois sculpté.

PILS (Isidore)

125 — *Portrait de Léon Cogniet.*

Dessin à la plume et sépia.

PILS (Isidore)

126 — *Défilé de troupes devant l'empereur Napoléon III.*

Aquarelle.

127 — *Muletier.*

Aquarelle signée et datée : *Eaux-Bonnes, 1873.*

POULLEAU

128 — *Vue de l'Église Sainte-Geneviève au Panthéon, animée de nombreuses figures.*

Important dessin à la plume et rehaussé d'aquarelle.

Cadre ancien Louis XVI en bois sculpté doré.

QUEVERDO (François-Marie)

129 — *Couple consultant l'alchimiste.*

Dessin à la plume et à la sépia.

ROBERT (Hubert)

130 — *Ruines du temple de Vesta à Tivoli.*

Au centre, des Bohémiens sont groupés autour d'un feu. A droite, une statue sur un piédestal.

Important dessin de forme ovale à la plume et lavé de sépia.

Haut., 53 cent.; larg., 66 cent.

(*Collection J. de Bryas.*)

ROWLANDSON (Attribué à)

131 — *Intérieur de café.*

Curieuse composition animée de nombreux personnages.

Dessin à la plume rehaussé d'aquarelle.

SAUVAGE

132 — *Portraits d'Homme et de Femme.*

Miniatures en grisaille.

TRINQUESSE

133 — *Jeune Femme assise.*

Dessin à la sanguine.

WILLE (J.-A.)

134 — *Fillette tricotant.*

Dessin à la sanguine.
Cadre Louis XVI en bois sculpté doré.

ZUBER (Henri)

135 — *Vue d'un parc, avec nombreux personnages.*

Aquarelle.

ZUBER (Henri)

136 — *Bassin dans un port.*

Aquarelle signée et datée.

137 — Sous ce numéro, un grand nombre de gravures modernes encadrées, en épreuves, la plupart avant la lettre.

LIVRES

138 — Environ trois cents volumes bien reliés : Beaux-Arts, Littérature, Histoire, Romans, etc.

139 — Partitions d'opéra et d'opéra-comique, reliées.

SCULPTURES, MARBRE

TERRES CUITES, BRONZES

140 — Petit buste de jeune fille en marbre blanc, par *J. Escoula.*

141 — Statuette de troubadour, marbre blanc, par *G. Etcheto.*

Haut., 76 cent.

142 — Le Nid de Pigeons. — La Becquée. Groupes en pierre et marbre, par *Gardet.*

143 — Figurine d'homme assis, une lanterne à ses pieds. Terre cuite, signée et datée : *Godecharle, 1797.*

144 — Albertine, née baronne de Nivenheim, 1768. Terre cuite, par *J.-B. Nini.* Très belle épreuve d'un des plus médaillons de l'artiste.

145 — Bacchante et enfant dansant. Médaillon en terre cuite, par *Clodion*. Cadre Louis XVI, en bois sculpté.

146 — Statuette de jeune femme debout, tenant des fruits dans sa jupe relevée. Terre cuite, d'après *Clodion*.

Haut., 40 cent.

147 — Petit buste de jeune femme en terre cuite. Piédouche en marbre.

148 — Deux figurines d'enfants en bronze patiné, sur socle en bronze doré. Époque Louis XVI.

149 — Petit buste d'Alembert en bronze patiné, piédouche en bronze ciselé et doré, socle en porphyre rouge. Époque Louis XVI.

150 — Figure d'homme nu, d'après l'antique. Bronze.

Haut., 65 cent.

151 — Baigneuse. Bronze, par *L. Henry de Villez*.

Haut., 80 cent.

152 — La Femme et ses destinées. Bas-relief en bronze, par *Marcelle Lancelot Croce*.

153 — Philippe d'Espagne, en buste, profil à droite. Au revers : le char d'Apollon avec la devise : « *Jam. Illustrabit omnia*. » Médaille en bronze, par *Trezzo*. Ancienne épreuve.

154 — Eléphant et crocodile en bronze, par *Navellier, 1897.*

155 — Groupe en bronze : Vénus corrigeant l'Amour.

Haut., 60 cent.

156 — Sonnette en bronze.

157 — Deux médaillons en bronze : sujets allégoriques, par *V. Peter*, forme circulaire.

158 — Deux plaquettes en bronze : Chien et chienne en bas-relief, par *V. Peter.*

159 — Groupe de cerfs et de biches en bronze, par *Masson*. Maison *Susse,* éditeur.

160 — Groupe de deux chiens en bronze, par *Thomas*, édité par *Thiébault.*

FAIENCES ET PORCELAINES

ANCIENNES

161 — Assiette en ancienne faïence de Delft, à décor bleu, avec chiffre couronné.

162 — Assiette en ancienne faïence de Rouen, à décor de lambrequin bleu, ornée au centre d'un blason.

163 — Assiette en ancienne faïence de Rouen, de même décor, avec blason.

164 — Assiette en ancienne faïence de Rouen, de décor analogue.

165 — Assiette en ancienne faïence de Rouen, à décor de lambrequin bleu.

166 — Assiette en ancienne faïence de Rouen, de décor analogue.

167 — Assiette en ancienne faïence de Rouen, de décor analogue.

168 — Assiette en ancienne faïence de Strasbourg, à décor de bouquets de fleurs.

169 — Bas-relief en biscuit, genre de Sèvres : Silène ivre.

170 — Petit groupe en biscuit : « Amours tirant de l'arc », sur socle en bois peint et doré.

171 — Groupe en biscuit : Jeune femme et l'Amour.

BRONZES D'AMEUBLEMENT

OBJETS DIVERS

172 — Pendule-cartel, du temps de Louis XV, en bronze ciselé et doré.

173 — Pendule-cartel, du temps de Louis XVI, en bronze ciselé et doré.

174 — Paire de girandoles à quatre lumières, de style Louis XV, en bronze argenté.

175 — Paire de bras-appliques, de style Louis XVI, à trois lumières, en bronze ciselé et doré.

176 — Lustre de style Louis XIV, à douze lumières, en bronze ciselé et doré, orné de cristaux.

177 — Lustre, en bronze ciselé, à neuf lumières; disposé pour le gaz.

178 — Autre lustre, en bronze et cristaux, à dix-huit lumières.

179 — Deux miroirs en bronze et émail cloisonné.

180 — Paire de lampes de jardin en cristal gravé et doré; montures en cuivre ciselé.

181 — Jardinière en cristal.

182 — Vase en verre émaillé.

183 — Quatre petits vases en grès.

MEUBLES ET SIÈGES

ANCIENS ET MODERNES

184 — Table à quatre pieds torses et entrejambe du temps de Louis XIII, marquetée à fleurs.

185 — Console, du temps de la Régence, en bois sculpté naturel. Dessus de marbre brèche.

186 — Console, du temps de Louis XV, en bois sculpté et doré. Dessus de marbre.

187 — Glace, du temps de Louis XVI, en bois sculpté et doré, avec fronton orné d'attributs de musique et guirlandes de fleurs.

188 — Console-support, à trois tablettes, en bois sculpté et doré.

189 — Deux consoles-supports en bois sculpté et doré.

190 — Deux torchères en bois sculpté et doré.

191 — Harpe, du temps de Louis XVI, en bois sculpté.

192 — Pendule-applique, du temps de Louis XVI, en bois sculpté et doré, très richement ornée de feuillage et de fleurs. Le cadran marquant les quantièmes porte le nom de *Dutertre, à Paris.*

193 — Canapé, du temps de Louis XV, en bois sculpté et ciré. Il est recouvert d'une étoffe de soie à fleurs sur fond rouge.

194 — Chaise-longue, du temps de Louis XV, en bois sculpté et ciré. Elle est recouverte d'une étoffe de soie à fleurs.

195 — Table-bureau, de style Louis XVI, en acajou, garnie de bronzes ciselés et dorés.

196 — Guéridon, de style Louis XVI, en marqueterie de bois de placage. Il est richement orné de bronzes ciselés et dorés. Dessus de marbre brèche violette.

197 — Vitrine d'encoignure, à deux corps, en palissandre.

198 — Petite table en marqueterie de bois de placage à quatre pieds en forme de colonnettes.

199 — Gaine-support en acajou.

200 — Bibliothèque à hauteur d'appui, ouvrant à quatre portes, en bois noirci et filets dorés.

201 — Piano droit de Kaninsky.

202 — Deux tabourets de piano et deux casiers à musique.

203 — Table à thé en marqueterie de bois, de style moderne.

204 — Petite table légère, de style moderne.

205 — Grand canapé-sofa et deux coussins recouverts en satin brodé.

206 — Canapé-sofa, trois fauteuils, deux chaises capitonnées, et une chaise légère en bambou doré.

207 — Trois fauteuils et trois chaises recouverts d'étoffe.

208 — Six chaises, de style Louis XVI, en bois sculpté et ciré. Dossier à médaillon.

209 — Deux chaises légères, de style Louis XVI, en acajou.

ÉVENTAILS, ÉTOFFES

RIDEAUX, TENTURES, TAPIS

210 — Mandoline italienne.

211 — Éventail en dentelle de Chantilly, monture en écaille.

212 — Bel éventail en plumes d'autruche noires, monture en écaille.

213 — Ombrelle en mousseline de soie blanche et entre-deux de dentelle ; manche en nacre et or.

214 — Coupons de soie brodée à fleurettes et satin blanc à dessin à fleurs et rubans.

215 — Lot de soiries anciennes.

216 — Coupon d'étoffe bleue brodée à fleurettes.

217 — Un lot de dentelles.

218 — Garde-robe de femme.

219 — Deux paires de rideaux en satin brodé.

220 — Trois paires de rideaux et trois portières en satin jaune brodé.

221 — Dessus de piano en satin jaune brodé.

222 — Tapis de table en velours vert et passementerie rouge.

223 — Grande carpette de salon, de style oriental.

224 — Carpette de salon, de style oriental.

225 — Sous ce numéro, un lot de tapis, tentures, rideaux, etc.

MOBILIER COURANT

226 — Ameublement de salle à manger comprenant : une table, douze chaises, deux buffets à étagères, une servante-desserte.

227 — Petite table-servante à étagère.

228 — Plusieurs lits en cuivre avec leur literie.

229 — Salle de bains comprenant : un chauffe-bain, une baignoire et une toilette.

230 — Toilette avec dessus de marbre et garniture.

231 — Grande armoire à glace, à trois portes, en palissandre.

232 — Grande armoire à linge en pitchpin.

233 — Autre armoire en pitchpin.

234 — Armoire à glace en pitchpin.

235 — Commode en pitchpin.

236 — Tables en pitchpin.

237 — Commode-toilette en pitchpin.

238 -- Petite bibliothèque à étagères.

239 — Commode à deux portes.

240 — Lampes à pétrole.

241 — Machine à coudre.

242 — Sous ce numéro, un lot de sièges divers, fauteuils et chaises.

243 — Objets mobiliers courants.

244 — Chambres de domestique.

245 — Cuisine, office, débarras, etc.

www.ingramcontent.com/pod-product-compliance
Ingram Content Group UK Ltd.
Pitfield, Milton Keynes, MK11 3LW, UK
UKHW020509180726
13839UKWH00004B/2000